BOEKANALYSE

AF137664

Wat de dag verschuldigd is aan de nacht

Yasmina Khadra

BOEKANALYSE

Geschreven door Ludivine Auneau
Vertaald door Nikki Claes

Wat de dag verschuldigd is aan de nacht

Yasmina Khadra

YASMINA KHADRA

ALGERIJNS SOLDAAT EN SCHRIJVER

- **Geboren in de Algerijnse Sahara in 1955.**
- **Opmerkelijke werken:**
  - *De zwaluwen van Kabul* (2002), roman
  - *De aanval* (2005), roman
  - *De Sirenen van Bagdad* (2006), roman

Yasmina Khadra is het pseudoniem van Mohammed Moulessehoul. Zijn vader was verpleegster en zijn moeder nomade, en hij werd in 1955 geboren in de Algerijnse Sahara. Hij diende 36 jaar lang als officier in het Algerijnse leger en publiceerde zes romans onder zijn echte naam voordat hij verschillende schuilnamen aannam om de militaire censuur te omzeilen. Hij koos specifiek de naam Yasmina Khadra als eerbetoon aan zijn vrouw, want dat zijn haar twee voornamen. De keuze van een vrouwelijk pseudoniem was voor hem ook een manier om stelling te nemen in het debat over de emancipatie van moslimvrouwen.

Hij schrijft in het Frans, maar zijn werk is vertaald in vele andere talen, en verschillende ervan zijn verfilmd.

WAT DE DAG VERSCHULDIGD IS AAN DE NACHT

DE LIEFDE VAN JE LEVEN IN KOLONIAAL ALGERIJE

- **Genre:** roman
- **Referentie-uitgave:** Khadra, Y. (2011) *Wat de dag verschuldigd is aan de nacht*. Trans. Wynne, F. Londen: Vintage.
- **1e druk:** 2008
- **Thema's:** liefde, vriendschap, oorlog, identiteitscrisis

What the Day Owes the Night werd voor het eerst gepubliceerd in het Frans in 2008. Het vertelt het leven van Younes, een jonge Algerijnse jongen, wiens vader zijn velden verliest door brandstichting. Hij wordt vervolgens geadopteerd door zijn oom, een chemicus, die hem introduceert in de pied-noir gemeenschap (mensen van Europese afkomst die naar Frans Algerije zijn geëmigreerd) in de stad Oran. Er worden sterke vriendschappen gesmeed, maar deze worden op de proef gesteld door de komst van de mooie Émilie. Wanneer de Algerijnse Onafhankelijkheidsoorlog uitbreekt, moet iedereen een kant kiezen en tegelijkertijd zijn weg vinden in het leven.

De roman won verschillende literaire prijzen, waaronder de Prix Romans France Télévisions in 2008 en de Prix des Lecteurs de Corse in 2009, en werd door het literaire tijdschrift *Lire* uitgeroepen tot beste roman van 2008.

SAMENVATTING

In het Algerije van 1930 belooft de oogst eindelijk overvloedig te worden voor Issa en zijn familie. Maar drie dagen voordat de oogst zou beginnen, vernietigt een brandstichting zijn velden, waardoor zijn laatste hoop vervliegt. Issa heeft geen andere keuze dan zijn land te verlaten en terug te keren naar Oran (een kuststad in het noordwesten van Algerije), waar zijn broer Mahi, een chemicus, woont. De levens van de broers lopen uiteen en ze hebben elkaar al jaren niet meer gezien. Mahi is van jongs af aan opgeleid, waardoor hij een succesvolle carrière kon beginnen en een rustig leven kon leiden in een chique stadswijk, terwijl Issa slechts een paar hectare landbouwgrond heeft geërfd. Hoewel Issa het gevoel heeft dat zijn broer hem in de steek heeft gelaten en een zekere wrok tegen hem koestert, besluit hij hem te gaan vertellen dat hij het land van hun voorouders kwijt is. Hij is echter te trots om liefdadigheid van hem aan te nemen, dus neemt hij onderdak in Jenane Jato, de sloppenwijk van de stad. Omdat hij beseft hoe onstabiel zijn situatie is, keert hij terug naar zijn broer om hem om een lening te vragen. Mahi is bereid hem zoveel geld te geven als hij nodig heeft en stelt zelfs voor zijn neef, Younes, in huis te nemen om hem een opleiding te geven en hem een goede toekomst verzekeren. Zijn aanbod is echter zo tactloos dat Issa denkt dat Mahi hem een slechte vader noemt, in woede uitbarst en een einde maakt aan hun omgang.

Kort daarna slaagt Issa erin genoeg geld bij elkaar te schrapen om een zakelijke onderneming te starten, maar El Moro, de schrik van de plaatselijke straten, krijgt van zijn plannen en pest hem het geld. Een paar dagen later heeft Issa zijn wraak, en El Moro wordt vermoord aangetroffen. Issa her-overweegt dan het aanbod van zijn broer en vertrouwt hem zijn zoon toe.

Mahi en zijn vrouw Germaine adopteren onmiddellijk hun neefje en besluiten hem "Jonas" te noemen. Met deze nieuwe naam willen ze hem helpen zijn oude levenswijze te vergeten en proberen ze hem te behandelen als hun eigen zoon. Hoewel hij dankbaar is, is de verandering een schok voor het systeem van de jongen, want hij is niet gewend aan zoveel aandacht, aan een taalbarrière en de nieuwe cultuur waarin hij wordt ondergedompeld. Mahi besteedt enkele maanden om hem goede manieren en de Franse taal te leren.

Twee jaar gaan voorbij, en Jonas schrijft zich in op de plaat-selijke school. Op een dag ziet hij bij thuiskomst een dronken man uit een bar gegooid worden. Hij herkent onmiddellijk zijn vader, maar Issa vlucht beschaamd weg. Drie weken later verneemt Mahi dat Issa verdwenen is.

Er breekt oorlog uit in Europa, wat de pieds-noirs zorgen baart. Mahi wordt gearresteerd en een week gevangen gezet omdat hij bij hem thuis bijeenkomsten van de Algerijnse Nationalistische Partij organiseert. Hij wil die week gevan-genschap nooit meer meemaken, en zijn angst drijft hem ertoe Oran te verlaten en met zijn vrouw en neef naar Rio Salado (de vroegere naam van El Malah in het noordwesten van Algerije) te verhuizen.

In Rio Salado ontmoet Jonas Isabelle Rucillio en deelt zijn eerste kus met haar. Maar wanneer ze zijn echte identiteit te weten komt, weigert ze hem weer te zien: "Je denkt toch niet dat ik met een Arabier kan trouwen? Ik ga nog liever dood!" (p. 118). Hij ontmoet er ook Émilie, een negenjarig meisje dat elke woensdag naar de apotheek komt voor een behandeling. Jonas is in de ban van haar, maar op een dag verdwijnt ze plotseling.

Dit is ook het moment waarop Jonas zijn beste vrienden ontmoet: Jean-Christophe, Fabrice, Simon en André. Op een zomer, als hij 17 is, raakt Jonas in de ban van een oudere vrouw, Madame Cazenave. Ze wordt aangetrokken door de charmes van de jongeman en lokt hem naar haar huis, waar ze hem voor het eerst laat proeven van de geneugten van het vlees. Jonas is verrukt over deze nieuwe ervaring en raakt volledig verliefd op haar, maar zij zegt hem te vergeten dat het ooit gebeurd is en doet het af als niet meer dan een jeugdige flirt.

Terwijl Europa het einde van de oorlog viert, begint voor Algerije de nachtmerrie pas. Het land eist onafhankelijkheid, maar raakt dan in een chaos: brandstichting en gevechten komen op grote schaal voor, en de burgers worden niet gespaard. Mahi, die al psychologisch kwetsbaar was, merkt dat zijn greep op zijn geestelijke gezondheid nog verder afglijdt.

André besluit een eethuis te openen. Op de openingsdag vallen alle ogen op een prachtige jonge vrouw: Émilie, de dochter van niemand minder dan Madame Cazenave. Fabrice en Simon worden onmiddellijk verliefd op haar.

Émilie en Fabrice beginnen een relatie, maar dan realiseert Émilie zich dat de Jonas die nu kent dezelfde jongen is die ze tien jaar eerder bij de apotheek ontmoette. Vanaf dat moment probeert ze hem voortdurend over te halen haar op te merken. Haar moeder pikt haar belangstelling voor Jonas op en laat hem beloven bij haar uit de buurt te blijven. Ze is echter te laat, want hij is al hopeloos verliefd op Émilie. Toch begint hij, uit respect voor Fabrice en om zijn belofte aan Madame Cazenave na te komen, haar te vermijden om haar uit zijn hoofd te zetten. Jean-Christophe valt uiteindelijk ook voor haar en besluit zijn genegenheid te tonen door haar ten huwelijk te vragen. Net als hij de moed opbrengt om zijn gevoelens op te biechten, hoort hij Émilie met Jonas praten en haar liefde voor hem verklaren. Hij is er kapot van en verdwijnt voor enkele weken zonder iets te zeggen.

Émilie blijft maandenlang proberen Jonas voor zich te winnen, maar hij geeft nooit toe. Hij blijft onwrikbaar, zelfs wanneer ze hem smeekt zijn liefde te bekennen om een einde te maken aan het huwelijk dat haar moeder voor haar heeft geregeld met Simon, en dus gaat het huwelijk door zoals gepland. Émilie krijgt enkele maanden later een kind.

Mahi sterft in 1954, vijf maanden voordat de Onafhankelijkheidsoorlog uitbreekt. De pieds-noirs van Rio Salado maken zich niet veel zorgen: het conflict heeft hun stad nog niet bereikt, en ze zien de oorlog als louter toeschouwers. Maar het duurt niet lang voordat de spanning zich uitbreidt en de rust in de stad wordt verstoord. Hier en daar breken branden uit, en wanneer een verminkt lijk wordt ontdekt, is de gemeenschap geschokt. De verdenking valt onmiddellijk op Jelloul, André's Arabische bediende, en Jonas durft eindelijk de kant van zijn eigen volk te kiezen door hem te verdedigen.

In 1957 keert Jean-Christophe terug naar de stad en trouwt met Isabelle Rucillio, terwijl hij Jonas steeds weigert te zien.

Datzelfde jaar overkomt Émilie en haar zoon een tragedie Simon door de fellagas (rebellen) wordt gedood en hun huis in brand wordt gestoken. Als Jonas hoort dat ze naar Oran vertrokken, gaat hij haar zoeken om te proberen haar terug te winnen. Émilie weigert hem echter en zegt dat hij jaren geleden zijn kans heeft gehad en dat het nu te laat is.

Wanneer Jonas terugkeert naar Rio Salado, worden hij en zijn tante in hun eigen huis gegijzeld door Jelloul en zijn metgezellen, die zich bij het verzet hebben aangesloten. De rebellen dreigen hen te doden als ze de schotwond van hun leider niet behandelen. Hun gevangenschap duurt tien lange dagen tot hun ontvoerders besluiten te vertrekken. Eén van hen keert echter regelmatig terug, in opdracht van hun kapitein, om medische voorraden te halen. Op een dag wordt hij gevangen genomen door een lid van de militie, die Jonas onmiddellijk grijpt, omdat hij de eigenaar is van de enige apotheek in de stad. Jonas wordt meerdere dagen gemarteld totdat Isabelle's vader tussenbeide komt en een einde maakt aan zijn wakkere nachtmerrie.

Vele jaren later, nu een man van 58, ontdekt Jonas dat Émilie in Frankrijk woont en vliegt erheen om haar op te zoeken. Ze wijst hem voorgoed af en hij ziet haar nooit meer terug.

Decennia later komt iedereen nog één keer samen in Frankrijk voor de begrafenis van Émilie. Ze lachen, huilen, halen herinneringen op aan de goede tijden en laten een paar oude wrokgevoelens varen. Jonas neemt afscheid van de liefde die nooit de kans kreeg om te bloeien, en strooit het stof van de roos die hij haar 70 jaar eerder had aangeboden op haar graf.

KARAKTERSTUDIE

ISSA

Als getrouwde vader van twee kinderen wordt Issa achtervolgd door mislukkingen en tegenslagen: zo wordt zijn veelbelovende oogst in brand gestoken door brandstichters, wat hem ertoe aanzet terug te keren naar Oran, waar zijn broer comfortabel woont. Wanneer zijn broer neefje een mooie toekomst te garanderen, reageert hij onevenredig vijandig en wordt hij gevoed door trots. In feite is zijn buitensporige trots zijn kenmerkende eigenschap, die uiteindelijk tot zijn ondergang leidt. Ondanks zijn zwijgzame karakter is zijn liefde voor zijn zoon onmiskenbaar, en dit is wat hem ertoe brengt zijn zoon uiteindelijk aan zijn broer toe te vertrouwen. Na het vertrek van Younes zoekt hij troost in de alcohol, tot de dag dat hij toevallig zijn zoon tegenkomt terwijl hij dronken op straat wordt gegooid als een ordinaire lowlife. Issa beseft dan dat hij het dieptepunt heeft bereikt, en is vervuld van zoveel schaamte dat hij verdwijnt en zijn vrouw en dochter in de steek laat.

DE VERTELLER, YOUNES/JONAS

Vanaf de eerste bladzijden van het boek is het duidelijk dat de verteller het centrale personage van het verhaal is, en hij wordt al snel geïdentificeerd als Issa's zoon. Zijn naam wordt echter pas veel later in het verhaal onthuld – we leren pas dat hij Younes heet als zijn oom Mahi en tante Germaine hem adopteren en Jonas noemen.

De naam "Younes" is verbonden met zijn inheemse volk, terwijl "Jonas" verbonden is met de gemeenschap waarin hij is opgenomen. Afhankelijk van zijn gesprekspartner gebruikt hij niet altijd dezelfde naam. Wanneer hij bijvoorbeeld de negenjarige Émilie ontmoet, stelt hij zich voor als Younes, ongetwijfeld uit verlangen naar authenticiteit. Zij noemt hem daarna alleen nog maar Jonas. Jelloul noemt hem soms ook Younes als een soort uitdaging, waarbij hij zijn geboortenaam gebruikt om hem aan zijn afkomst te herinneren: "Dat klopt, Younes. Keer de waarheid en je volk de rug toe, ren terug naar je vrienden. Younes. Weet je je naam nog? (p. 178). Tot het einde van de roman is zijn identiteit nooit echt duidelijk: hij twijfelt tussen de ene en de andere naam en is jarenlang op zoek naar zichzelf.

De dag dat zijn oom hem opneemt is de cultuurschok enorm: hij gaat van de onzekerheid van Jenane Jato naar het comfort van de pied-noir gemeenschap. Hoewel hij zijn nieuwe leven waardeert, is het racisme waaraan hij nu wordt blootgesteld soms venijnig. De dag waarop hij zijn vrienden Jean-Christophe, Fabrice, Simon en André ontmoet, is de dag waarop zijn integratie in de gemeenschap eindelijk is. Maar zelfs sommigen van hen, zoals André, vergeten af en toe Younes' afkomst en laten kwetsende opmerkingen vallen: "Arabieren zijn net honden, je moet ze slaan om ze zich te laten gedragen" (p. 135). Wanneer Émilie op het toneel verschijnt, brengt zijn enorme loyaliteit hem ertoe zijn liefde voor haar te verzwijgen in plaats van het risico te lopen een van zijn vrienden te verliezen. Toch blijft hij de rest van zijn leven van haar houden.

MAHI

Mahi is Issa's oudere broer. Toen ze als kinderen gescheiden, kreeg Mahi de kans om een opleiding te volgen en chemicus te worden in de stad Oran. Hij is getrouwd met Germaine, die hij op de universiteit ontmoette, en wordt zeer gerespecteerd in de pied-noir gemeenschap. Younes heeft nooit van zijn oom gehoord totdat zijn familie gedwongen werd naar Oran te verhuizen. Als Mahi ziet hoe onstabiel Issa's omstandigheden zijn, wil hij zijn neefje dezelfde kansen bieden die hij zelf kreeg toen hij jong was. Hij neemt Younes genereus in huis, adopteert hem als zijn eigen zoon en zorgt ervoor dat hij de best mogelijke opleiding krijgt. Hij is zeer beschaafd en zeer politiek geëngageerd: hij organiseert geheime bijeenkomsten met de Algerijnse Nationalistische Partij, waarna hij altijd "aantekeningen maakt in een groot notitieboek" (p. 98).

Hij is blijvend veranderd door zijn opsluiting. Hoewel we nooit te horen krijgen wat hij heeft meegemaakt tijdens zijn week in de gevangenis, lijkt het erop dat ze hem als spion wilden gebruiken. Naarmate de jaren – en pagina's – verstrijken, wordt Mahi's greep op zijn verstand steeds zwakker. Deze episode eist zoveel van hem dat hij uiteindelijk niet meer is dan een schaduw van zijn vroegere zelf. Hij sterft vijf maanden voordat de Algerijnse Onafhankelijkheidsoorlog uitbreekt.

GERMAINE

Germaine is een verfijnde, beschaafde vrouw van veertig, van Franse afkomst. Ze is getrouwd met Mahi, waardoor ze de tante en later de adoptiemoeder is van Younes, die ze Jonas noemt. Jonas beschouwt haar als een vasthoudend persoon: "Germaine deed alles wat ze kon om mijn leven gelukkig te maken" (p. 69). Ze is Mahi's rots tijdens zijn leven, maar ze geeft Jonas ook steun wanneer hij die nodig heeft. Telkens wanneer Jonas in de problemen komt, lijkt zij een welwillende aanwezigheid op de achtergrond te zijn, klaar om een handje te helpen.

ÉMILIE

Wanneer Émilie voor het eerst in de roman verschijnt, is ze pas negen jaar oud. Ze gaat elke week naar de apotheek om zich te laten behandelen door Germaine. Jonas is onmiddellijk in de ban van het jonge meisje: "[hij] had haar voor een engel kunnen aanzien" (p. 114). Zij is de dochter van Madame Cazenave, en is adembenemend mooi – geen van de jongens is immuun voor haar charmes. Het hele romantische drama draait om haar, en ondanks haar liefde voor Jonas, die al haar avances afwijst, trouwt ze uiteindelijk met Simon en krijgt met hem een zoon.

Na tijdens de oorlog weduwe te zijn geworden, verlaat Émilie Rio Salado om een nieuw leven te beginnen. Jonas, die zijn liefde voor haar niet meer kan bedwingen, zoekt haar verschillende keren op in de hoop haar terug te winnen, maar al zijn pogingen zijn tevergeefs. Ze vertelt hem bitter: "Je hebt me nooit toegestaan iets van je te verwachten. Je nam mijn liefde voor jou en wurgde haar voordat ze kon vliegen – zomaar. Mijn liefde voor jou was dood voordat ze de grond raakte" (p. 309).

Ze sterft in Aix-en-Provence. Haar begrafenis brengt alle hoofdpersonen van het boek samen, wier oude wonden uit de tijd van de Onafhankelijkheidsoorlog, decennia eerder, eindelijk kunnen helen.

JEAN-CHRISTOPHE LAMY

Jean-Christophe komt uit een middenklasse gezin en zijn ouders werken allebei als conciërge. Hij is de beste vriend van Jonas en de twee worden onafscheidelijk tijdens hun tienerjaren. Hij is verliefd op Isabelle Rucillio en de twee gaan jarenlang met elkaar om, totdat hij voor Émilie valt. Hij probeert haar hart te veroveren, maar wanneer hij hoort dat zij haar liefde aan Jonas opbiecht, voelt hij zich gekwetst en verraden. In een emotioneel kwetsbare toestand besluit hij zonder het iemand te vertellen het leger in te gaan. Jaren later, als hij eindelijk terugkeert, trouwt hij met Isabelle en mijdt Jonas. Pas aan het eind van de roman verzoenen ze zich, waardoor Jonas' geweten eindelijk wordt gerustgesteld.

FABRICE SCAMARONI

Fabrice is even oud als Jonas en heeft een grote liefde voor woorden: zijn gedichten zijn de trots van Rio Salado. Hij is knap, gul en een dromer, en valt als eerste voor de mooie Émilie, maar zijn geluk met haar is van korte duur. Hij blijft zijn hele leven close met Jonas, Jean-Christophe, Simon en André. Hij trouwt met Hélène en krijgt twee kinderen.

SIMON BENYAMIN

Simon is een mollige Joodse jongen "die van trucs en practical jokes hield" (p. 132). Dit aandoenlijke personage is de grappenmaker van de groep. Hij heeft weinig zelfvertrouwen vanwege zijn uiterlijk: "Kijk maar naar mij: Ik heb een lelijke smoel, een dikke buik, een paar stompe benen – ik heb zelfs platvoeten" (p. 199). Hoewel hij op het eerste gezicht verliefd wordt op Émilie, probeert hij haar niet eens het hof te maken en doet een stapje terug omwille van Fabrice. Zijn zelfvertrouwen neemt toe wanneer hij omgaat met Madame Cazenave en zijn zaak begint te bloeien. Hij is dolgelukkig als hij met Émilie trouwt en met haar een gezin sticht, maar helaas komt hij aan een tragisch einde als hij door fellagas wordt vermoord.

ANDRÉ SOSA

André is de trotse zoon van Jaime Jiménez Sosa, een van de belangrijkste wijngaardeniers van het land. Net als zijn vader "was hij soms een bullebak, hij kon brutaal zijn tegen de ingehuurde krachten, maar hij was aardig voor zijn vrienden" (p. 133). Jonas ziet de extreem racistische opmerkingen van zijn vriend over het hoofd omdat André attent tegen hem is, zoals tegen al zijn vrienden. Hij beperkt zijn gewelddadigheid echter niet tot woorden: hij is ook fysiek agressief, vooral tegenover zijn bediende Jelloul, die hij regelmatig terroriseert.

Wanneer de Amerikanen arriveren, raakt André gefascineerd door hun land en hun cultuur. Hij maakt er zelfs een reis naar toe en keert vastbesloten terug om een diner in Amerikaanse stijl te openen met een biljarttafel, jazzmuziek op de achtergrond en posters van Hollywoodsterren aan de muren. Wanneer op het terrein een moord wordt gepleegd, aarzelt hij niet eens om Jelloul te beschuldigen en te slaan.

Ondanks zijn "wrede, terloopse opmerkingen over de Arabieren" (p. 113), blijft hij zijn hele leven lang erg gesteld op Jonas, en is hij vol ontroering als ze in Aix-en-Provence worden herenigd.

JELLOUL

Jelloul is een personage dat aanvankelijk in de schaduw van André leeft. Als zijn knecht verdraagt hij André's humeur zonder de klacht te uiten, want als enige kostwinner van een groot gezin heeft hij zijn baan hard nodig. Jonas helpt hem vaak door hem geld te lenen en hem naar zijn eigen huis te brengen als hij gewond is. Hoewel Jonas zijn verdediging voert wanneer hij beschuldigd wordt van de moord op André's neef, wordt Jelloul schuldig bevonden. Uiteindelijk weet hij te ontsnappen en terug te keren naar zijn eigen wijk, en wordt hij een symbool van rebellie voor zijn eigen volk. Een meer agressieve kant van zijn persoonlijkheid komt daarna vrij en hij kanaliseert zijn woede om te vechten in de Onafhankelijkheidsoorlog door zich aan te sluiten bij Sy Rachid, een van de meest prominente figuren in het verzet.

Hij laat Jonas zien hoe de wereld er voor zijn volk uitziet: "Zo leeft ons volk, Jonas; mijn volk, en jouw volk ook. Hier

verandert nooit iets, terwijl jij verder leeft als een prins"
(p. 177). Hij ziet het als een belediging dat Jonas zijn eigen
volk de rug heeft toegekeerd om te integreren in de bonte
gemeenschap. Hij toont dezelfde minachting en hetzelfde
medelijden als altijd wanneer hij Jonas opnieuw bezoekt,
ditmaal vergezeld van zijn medesoldaten en hun leider, die
is neergeschoten. Maar deze keer voelt hij zich door zijn
nieuwe status en zijn macht om te beslissen of Jonas leeft
of sterft, superieur aan hem.

ANALYSE

EEN COMING-OF-AGE ROMAN

Het genre van de coming-of-age roman, of *Bildungsroman*, ontstond in Duitsland aan het eind van de 18^e eeuw. Dit literaire genre beschrijft meestal het leven en de ontwikkeling van de hoofdpersoon totdat deze opgroeit, leert wat het leven werkelijk inhoudt en volwassen wordt. Daartoe moet het personage verschillende obstakels trotseren, zoals:

* Dood, oorlog, liefde…

* Overgangsrituelen die vaak door een gids worden bedacht – bijvoorbeeld Gandalf in *The Lord of the Rings* van J.R.R. Tolkien. De hoofdpersoon kan echter ook zelf als gids optreden.

In een echte coming-of-age roman is de held altijd volwassen en heeft hij aan het eind van het verhaal waardevolle levenslessen geleerd.

Dat geldt voor Younes in *What the Day Owe the Night*, want de lezer volgt zijn verhaal vanaf zijn kindertijd tot het einde van zijn leven. Aanvankelijk is hij een onschuldig personage dat niets van de wereld kent. Door getuige te zijn van de ellende van zijn volk wordt Younes geleidelijk harder, want hij wordt blootgesteld aan de ene ontbering na de andere: eerst ziet hij hoe zijn familie alles verliest bij een brandstichting, daarna ontdekt hij de ellende en het geweld in de straten van Jenane Jato. Later, wanneer hij naar de Europese wijken verhuist, wordt hij blootgesteld aan racisme en vervolgens, zoals Voltaire's Candide, aan de verschrikkingen van de oorlog: hij is bijvoorbeeld getuige van een aanslag waarbij verschillende omstanders om het leven komen. Geconfronteerd met de wreedheid van de oorlog kiest Younes uiteindelijk een kant: hoewel hij de methoden van de fellagas niet goedkeurt, is hij veel sterker gekant tegen de houding van Frankrijk in de kwestie van de onafhankelijkheid en het vaak respectloze gedrag van de pieds-noirs. Door een kant te kiezen, bewijst Younes dat hij een belangrijke mijlpaal heeft bereikt na een lange innerlijke reis naar volwassenheid, want voordat hij een kant kon kiezen, moest hij eerst zichzelf vinden en zichzelf definiëren in een wereld waarin het onmogelijk leek uit te vinden waar hij thuishoorde. Hij leert ook een krachtige levensles uit zijn vergeefse liefde voor Émilie, en hij verklaart uiteindelijk: "Hoewel er dingen zijn die ons verstand te boven gaan, zijn wij voor het grootste deel de architecten van ons eigen ongeluk" (p. 263).

Het personage van Jelloul kan worden beschouwd als een gids. Hoewel de relatie tussen de twee personages meer gebaseerd is op antagonisme dan op steun, duwt Jelloul de held in een hoek en dwingt hem een kant te kiezen.

EEN PERSONAGE OP ZOEK NAAR IDENTITEIT

De identiteit van de hoofdpersoon is gedurende de hele roman vaag. Hoewel de lezer vrijwel onmiddellijk beseft dat hij Issa's zoon is, wordt zijn naam pas veel later onthuld. Hij wordt Younes genoemd als hij bij zijn eigen volk is, maar hij wordt Jonas als hij wordt geadopteerd door de bonte gemeenschap. Met zijn engelachtige gezicht, zijn blauwe ogen en zijn nieuwe naam bezit hij alle noodzakelijke attributen om in deze nieuwe manier van leven te passen. Maar is het gebruik van een andere naam een manier van liegen tegen anderen en liegen tegen jezelf? Isabelle Rucillio berispt hem juist daarom als ze zijn ware identiteit ontdekt: "Leugenaar! [Je heet toch Younes? Younes? Waarom noem je jezelf dan Jonas?" (p. 118).

Vanaf dat moment verandert hij zijn naam afhankelijk van de mensen met wie hij is, maar hij verandert ook zijn taal en zijn cultuur. Hij laat bepaalde mensen hem Younes noemen uit verlangen naar authenticiteit, maar hij stelt zich bij anderen alleen voor als Jonas. Mahi en Jelloul noemen hem bijvoorbeeld afwisselend Younes of Jonas, afhankelijk van de omstandigheden. Door zijn geboortenaam te gebruiken, herinneren ze hem eraan dat hij zijn afkomst nooit mag vergeten.

Wanneer Younes zijn tienerjaren bereikt, wordt zijn zoektocht naar een eigen identiteit nog intenser door zijn dubbele identiteit. Hij denkt veel na: "Waarom had ik altijd het gevoel dat ik tussen mijn vrienden een plek voor mezelf moest vinden?" (p. 266). Hij keert herhaaldelijk terug naar Jenane Jato, op de sporen van de jongen die hij ooit was, om de weg terug te vinden naar zijn familie en zijn wortels. Maar als hij zijn moeder ziet, voelt hij zich "beschaamd door haar hebzucht, [...]door de honger en de pijn die haar gezicht vervormden" (p. 128). Hij voelt zich beschaamd als hij voet zet in deze ellendige wereld omdat zijn eigen levensstijl is veranderd. Hij is gewend aan comfort, onderwijs, veiligheid en het vredige leven dat hem door de pied-noir gemeenschap wordt geboden.

De dualiteit van de namen Younes en Jonas symboliseert de onmogelijkheid van echte gelijkheid en harmonie tussen de pieds-noirs en de inheemse bevolking. Met één voet in elke wereld wordt de held verscheurd tussen de gemeenschap waarin hij is geboren en de gemeenschap waarin hij is opgenomen. Maar als de woede die over Algerije raast koortsachtig wordt, moet hij kiezen. Hij wordt herhaaldelijk door Jelloul in een hoek gedreven totdat hij gedwongen wordt een keuze te maken.

Pas aan het eind van zijn leven lijkt Younes vrede met zichzelf te hebben. Hij heeft een innerlijk evenwicht bereikt door zijn vriendschappen in stand te houden, zijn onmogelijke liefde voor Émilie op te geven en trouw te blijven aan zijn land en zijn volk. Jonas blijft altijd een deel van hem, maar hij is geboren als Younes en dat is wie hij altijd zal zijn, in de eerste plaats. Hoewel zijn identiteit gedurende het hele verhaal dubbelzinnig blijft, krijgen we op de laatste bladzijde van het boek eindelijk zijn achternaam te horen: "'Mahieddine Younes?' 'Dat ben ik'" (p. 391).

KOLONIAAL ALGERIJE EN HET VERLANGEN NAAR ONAFHANKELIJKHEID

Khadra gebruikt deze roman om een beeld te schetsen van Algerije van de jaren dertig tot 1962, toen de onafhankelijkheid werd uitgeroepen. De Algerijnse oorlog staat dan ook niet in de hele roman centraal. Voordat de oorlog uitbreekt, stijgt het geroezemoes van onvrede tot een brul, knaagt het land "op zijn woede als rottend vlees" (p. 83), en begint de woede tegen degenen die Algerije hebben onderworpen over te koken. Bij het lezen van dit boek is de notie van Algerijns nationalisme al lang voor 1954 zichtbaar en aanstekelijk. Door het personage van Younes, die de lezer een genuanceerd inzicht geeft in beide facetten van het land, is het koloniale Algerije heel duidelijk te herkennen als een multiculturele samenleving waar bescheiden huishoudens, paupers, rijke grondbezitters en inheemse mensen naast elkaar leven en zich zo goed mogelijk een weg door het leven banen. Dit is zeker geen zwart-wit wereldbeeld, want zowel welwillende als vijandige figuren zijn te vinden in de meest verpauperde buurten en de wijken.

Oom Mahi belichaamt het verlangen naar Algerijnse onafhankelijkheid van de koloniale overheersing. Hoewel hij geniet van een comfortabele levensstijl, is hij zeer intellectueel geïnvesteerd in zijn land. Hij leeft dan wel in de pied-noir gemeenschap, maar vergeet daardoor nooit wie hij is en waar hij vandaan komt. Zo leert hij Younes met veel trots zijn familiegeschiedenis. Hij vertelt hem zelfs dat zijn overgrootmoeder niemand minder was dan Lalla Fatma N'Soumer, die zo'n belangrijke figuur was in het verzet tegen de Franse invallers dat ze wel eens de Jeanne d'Arc van Djurdjura werd genoemd. Mahi blijkt op zijn eigen manier politiek geëngageerd, via lezingen, notities en debatten op geheime bijeenkomsten. Hij is een fan van de geschriften van Shakib Arslan, die werden gepubliceerd in *La Nation Arabe,* een krant die zeer invloedrijk was onder de nationalisten. Hij ontvangt ook een bezoek van Messali Hadj en debatteert urenlang met hem en met andere leden van de pro-onafhankelijkheidsfactie in Algerije. Hoewel hij politiek geëngageerd is, is Mahi een pacifist, en nadat hij een week in de gevangenis heeft gezeten omdat hij deze bijeenkomsten had georganiseerd, besluit hij dat hij dit nooit meer wil meemaken. Terwijl Algerije zijn toevlucht neemt tot steeds gewelddadiger methoden om zijn vrijheid te winnen, zien we Mahi's gezondheid een symbolische achteruitgang tegemoet gaan.

EEN LIEFDE DIE NIET VOORBESTEMD WAS

De paden van Émilie en Jonas kruisen elkaar vele malen in hun leven, en ze laten elk een blijvende indruk achter op de ander. Hun eerste ontmoeting is in de apotheek, wanneer Émilie negen jaar oud is. Jonas "had haar voor een engel kunnen aanzien, ware het niet dat haar gezicht, zo wit dat het marmer leek, het onmiskenbare teken droeg van een vreselijke ziekte" (p. 114). Émilie komt enkele weken lang elke woensdag naar de apotheek om door Germaine behandeld te worden, en Jonas verlaat op die dagen altijd zo vroeg mogelijk de school om haar te zien. Op een dag schuift hij een roos tussen de bladzijden van haar boek terwijl zijn tante haar verzorgt, maar dan verdwijnt Émilie.

Vele jaren gaan voorbij voordat ze eindelijk worden herenigd bij de opening van André's restaurant. Émilie is uitgegroeid tot een mooie jonge vrouw en Jonas, Fabrice, Simon en Jean-Christophe raken allemaal in de ban van haar. Aanvankelijk laat ze haar genegenheid uitgaan naar Fabrice, tot de dag dat ze Jonas in verband brengt met de jongen die ze in de apotheek ontmoette. Vanaf dat moment richt ze haar hart op Jonas, maar hij wijst al haar avances af en ontwijkt haar in een poging zijn eigen gevoelens voor haar te negeren.

Jonas en Émilie zoeken elkaar op, houden van elkaar en wijzen elkaar hun hele leven af, waardoor hun liefde nooit een kans krijgt om bloei te komen. Wat maakt hun liefde onmogelijk? Is het Jonas' angst om zijn vrienden te verliezen?

De belofte aan Madame Cazenave dat hij uit de buurt van haar dochter zou blijven? De angst om bij een Française te zijn? De angst voor wat anderen zouden kunnen zeggen? Jonas geeft nooit antwoord, zelfs niet als Émilie hem erom smeekt. Uiteindelijk is hij de architect van zijn eigen ongeluk: door niet te durven handelen, door niet te durven liefhebben, verliest hij de liefde van zijn leven en zijn beste vrienden. Ook al verschuilt hij zich lange tijd achter zijn belofte aan Madame Cazenave en zijn trouw aan zijn vrienden, de ware reden voor zijn houding is onvermogen om de sprong te wagen. Veel jaren later besluit hij eindelijk achter haar aan te gaan, maar het is te laat: Émilie is te vaak gekwetst door zijn voortdurende afwijzingen.

Uiteindelijk zijn hun levens niets anders dan een reeks gemiste kansen. Émilie drukt al haar gevoelens voor hem uit vanuit het graf door hem een brief na te laten waarin staat: "Ik heb op je gewacht de dag na onze ontmoeting in Marseille. Ik wachtte op dezelfde plek. De volgende dag en alle dagen daarna heb ik op je gewacht" (p. 386).

Hoewel Jonas trouwt en twee kinderen krijgt, lijkt dit niet echt van belang te zijn in zijn leven, en overschaduwt het nooit zijn liefde voor Émilie, want die wordt in de tekst slechts kort genoemd: "mijn vrouw is tien jaar geleden overleden. Ik heb een zoon die getrouwd is en in Tamarasset woont en een dochter die professor is aan de Concordia Universiteit in Montreal" (p. 391). Hun namen worden niet eens genoemd, waardoor het lijkt alsof dit deel van zijn leven volstrekt onbelangrijk is.

VERDERE REFLECTIE

ENKELE VRAGEN OM OVER NA TE DENKEN...

- Waarom kan dit boek beschouwd worden als een coming-of-age roman? Leg je antwoord uit aan de hand van voorbeelden van verschillende hindernissen die de held moest overwinnen.

- Vergelijk de oorspronkelijke omstandigheden waarin we Younes ontmoeten met zijn situatie aan het einde van de roman. Hoe is hij geëvolueerd?

- Welke overeenkomsten kun je trekken tussen het karakter van Gandalf uit *The Lord of the Rings* en het karakter van Jelloul?

- Hoe staat oom Mahi symbool voor het conflict in Algerije?

- Wat zijn de redenen voor de zoektocht van de held naar zijn eigen identiteit?

- Hoe wordt het koloniale Algerije weerspiegeld door de dualiteit van Younes/Jonas?

- Welk vertelstandpunt wordt gebruikt? Wat biedt dat de lezer?

- Wat maakt de liefde tussen Émilie en Jonas onmogelijk?

- "Ik laat je niet in de steek, ik verstoot je niet; ik wil gewoon dat je een kans krijgt in het leven" (p. 61). Leg uit wat het betekent dat Issa dit tegen zijn zoon zegt.

- Interpreteer de titel van de roman aan de hand van fragmenten uit het boek.

VERDER LEZEN

REFERENTIE-UITGAVE

Khadra, Y. (2011) *Wat de dag verschuldigd is aan de nacht.* Trans. Wynne, F. Londen: Vintage.

REFERENTIESTUDIES

Rioux, J.P. (2010) *Histoire du monde de 1918 à nos jours.* Parijs: Larousse.

AANPASSINGEN

What the Day Owes the Night. (2012) [Film]. Alexandre Arcady. Dir. Frankrijk/België: Wild Bunch.

*We horen graag van jou! Laat
een reactie achter op jouw online bibliotheek
en deel je favoriete boeken op social media!*

De uitgever garandeert de betrouwbaarheid van de gepubliceerde informatie, die echter niet onder zijn verantwoordelijkheid valt.

www.50minutes.com

Master ISBN: 9782808687980
Papier ISBN: 9782808699389
Wettelijk depot: D/2023/12603/1218

Omslag: © Primento

Digitaal ontwerp: Primento, de digitale partner van uitgevers.